30-Minuten-Rezepte für jeden Tag

Annalena Ganner

30 MINUTEN REZEPTE FÜR JEDEN TAG

Einfache und leckere Gerichte, wenn es schnell gehen soll

ATHESIA VERLAG

INHALT

Turbo-Rezepte in 10–20 Minuten

Für Gäste

Meal Prep – zum Mitnehmen

109

Süße Blitzrezepte

Die eigenen Kochtipps in einem Kochbuch zu teilen, fühlt sich immer noch unwirklich an – ein zweites Buch herauszubringen, ist völliger Wahnsinn. Nach dem tollen Feedback des ersten Buches, unzähligen Buchvorstellungen in allen Ecken Südtirols und Kursen mit euch habe ich herausgefunden, dass uns im Alltag noch immer einfache, schnelle Rezepte mit einem bestimmten Twist fehlen.

Mir geht es oft so, dass ich mittags oder abends nach Hause komme und etwas Schnelles, Leckeres für die Familie auf den Tisch bringen möchte. Bestenfalls noch mit simplen Zutaten, die ich zu Hause habe oder überall bekomme. Aber Nudeln mit Tomatensauce sollen es dann doch nicht immer sein.

Wenn es euch auch so geht, dann ist dieses Buch genau das Richtige für euch. Hier findet ihr meine Lieblingsrezepte für den Alltag, alle in maximal 30 bis 45 Minuten zubereitet, ein paar easy Dessertideen, falls sich mal spontan Besuch ankündigt, sowie Ideen zum Mitnehmen für die Arbeit und Co. Voilà – die Antwort auf die Frage, was es heute zu essen gibt, findet ihr ab jetzt hoffentlich in den folgenden Kapiteln.

Dabei war mir auch wichtig, dass wieder für jede und jeden etwas dabei ist: vegetarisch, mit Fleisch, mit Fisch, vegan, süß, herzhaft, mit Gemüse, mit verschiedenen Getreidesorten und, und, und.

Viel Spaß beim Nachkochen und -backen! Ich freue mich schon auf euer Feedback, eure Fotos und die strahlenden Augen eurer Familie und Freunde.

eure Annalena

Schnell und einfach kochen: So geht's!

Damit ihr euch den Alltag erleichtert und mit wenig Aufwand Leckere, selbst gemachte, abwechslungsreiche Gerichte kochen könnt, hier noch ein paar Tipps von mir: **Einkaufsliste schreiben** und gezielt, aber auf Vorrat einkaufen. Ich mache meistens sonntags einen Wochenplan und kaufe dann einmal pro Woche ein. Falls sich etwas ändert oder es zwischendurch eine frische Zutat braucht, wie Fisch, Fleisch oder Gemüse, geht das Einkaufen ganz fix. Zudem könnt ihr vieles – wie Fisch und Fleisch – einkaufen und auf Vorrat einfrieren.

Hier eignet sich z. B. das **LaugenRind-Frischfleischpaket** ausgezeichnet, welches ihr bequem online bestellen könnt und das direkt nach Hause geliefert wird.

Das bringt mich auch schon zum zweiten Tipp: **einfrieren, einfrieren, einfrieren!** Ich bin ein Riesenfan, vieles auf Vorrat zu kaufen oder zu kochen und es dann einzufrieren. Das funktioniert super mit Fisch, Fleisch oder Gemüse aus dem Garten, wie Bohnen, Spinat und Co., aber auch mit Sahne, Milch, selbst gemachten Tortellini (Rezept in meinem ersten Buch „Alles selbst gemacht!"), Lasagne oder Gemüsepuffern (Rezept auf S. 104).

Produkte aus dem Glas oder der Dose, beispielsweise Kichererbsen, Kokosmilch oder passierte Tomaten, haben mir schon so einige Abendessen gerettet – ein Grundstock an haltbaren Vorräten ist die perfekte Basis für viele Gerichte, ohne dass es langweilig wird.

Meine absoluten Must-haves im Vorratsschrank (gekauft und/oder selbst auf Vorrat eingekocht oder zubereitet) sind:

- Tomatensauce und passierte Tomaten
- Kokosmilch
- Kichererbsen aus dem Glas oder der Dose
- Nussmus
- Kapern
- Oliven
- getrocknete Tomaten
- haltbare Milch

Auch immer zu Hause habe ich folgende Basics:

- Mehl
- Trockenhefe und Backpulver
- Nudeln, Reis, Couscous, Bulgur und Quinoa
- Zucker und Honig

Gewürze – mit ein paar Gewürzen könnt ihr viele Gerichte ganz einfach aufpeppen und geschmacklich auf ein neues Level heben. Ihr braucht nicht zig Gewürze, am besten kauft ihr euch einmal im Bioladen oder online ein paar Lieblingsgewürze, die ihr dann eine Weile habt. Ich empfehle euch ein gutes Currypulver (mild oder scharf), ein Gyros-Gewürz oder eine andere griechisch-mediterrane Gewürzmischung, ein tolles Fleur de Sel zum Toppen fertiger Gerichte und Chilisauce, -öl oder -pulver zum Schärfen. Kreuzkümmel und Garam Masala bringen, wenn ihr gerne orientalisch oder indisch kocht, einen exotischen Geschmack auf euren Teller – beides ist mittlerweile auch in den meisten größeren Supermärkten erhältlich.

Fisch, Fleisch und Gemüse aus dem Garten einfrieren!

30-MINUTEN-LIEBLINGE

In diesem Kapitel findet ihr absolute Klassiker, die aus meiner schnellen Alltagsküche nicht mehr wegzudenken sind und zu meinen Lieblingsrezepten gehören. Natürlich dürfen in meinem zweiten Kochbuch die Familienrezepte nicht fehlen – denn meine Alltagsküche basiert auch auf dem, was wir in meiner Familie schon immer gekocht haben. Es gibt schon einen Grund, warum manche schnelle Rezepte über Jahre bleiben durften – gerade Kinder sind gnadenlos in ihren Urteilen und meine Schwester und ich waren nicht weniger kompromisslos! Probiert es aus, wandelt die Rezepte ab, macht eine Veggie- oder vegane Version daraus – kreativ sein ist erlaubt!

Ofen-Parmigiana

Melanzane alla Parmigiana

Wenn es ein Veggie-Gericht gibt, das ich sehr gerne, aber leider eher selten esse, weil nicht jeder in meiner Familie Melanzane mag, dann ist es Parmigiana. Für eine leichte, sogar kalorienarme Version frittiere ich die Auberginen nicht, sondern brate sie in der Pfanne an oder grille sie im Ofen, bis sie Farbe annehmen – denn nur mit Röstaromen schmeckt's richtig umwerfend!

30 Minuten

Zutaten für 4 Personen

4 Melanzane (Auberginen)
Salz
Olivenöl
4 Kugeln Mozzarella (à 125 g)
1 l selbst gemachte Tomatensauce
100 g Parmesan

So geht's:

1. Melanzane in dünne Scheiben schneiden, auf ein Backblech legen und reichlich salzen. Etwa 5 Minuten ziehen lassen, mit Küchenpapier abtupfen und etwa 5 Minuten in Olivenöl auf beiden Seiten scharf anbraten, bis die Melanzane leicht gebräunt ist.
2. Mozzarella in Scheiben schneiden, die Tomatensauce mit etwas Salz nachwürzen und den Parmesan reiben.
3. Melanzane, Tomatensauce, Mozzarella und Parmesan abwechselnd in eine eingefettete Auflaufform schichten.
4. Im Backofen bei 200 Grad etwa 15–20 Minuten backen, bis der Käse geschmolzen und goldbraun ist.

Tipps: Die selbst gemachte Tomatensauce könnt ihr durch eine aus dem Glas ersetzen.
Ihr könnt die Melanzane auch etwa 10 Minuten bei 200 Grad Grill im Backofen bräunen.
Wenn ihr zusätzlich noch Zucchini- und Tomatenscheiben zwischen die Melanzane schichtet, dann schmeckt die Parmigiana besonders knackig und lecker gemüsig!

Mamas Zitronenschnitzel

mit Reis

So einfach zaubert ihr aus vermeintlich langweiligen Schnitzeln ein superleckeres, erfrischendes Alltagsgericht. Der Mix aus Zitrone und brauner Butter ist hier der Star! Die Beilage könnt ihr variieren – Reis, Bulgur, Couscous, Quinoa oder Salat passen wunderbar. Diese Piccata al limone gab es bei uns zu Hause oft, wenn viele Leute mit am Tisch saßen: Eine Platte mit erfrischenden Zitrone-Petersilien-Schnitzelchen ist das perfekte Gericht zum Teilen!

25 Minuten

Zutaten für 4 Personen

200 g Langkornreis
600 g dünne Kalbsschnitzel
Salz
Pfeffer
2 Zitronen
60 g Butter
1 EL Olivenöl
20 g Petersilie

So geht's:

1. Langkornreis nach Packungsanweisung etwa 15 Minuten in gesalzenem Wasser kochen.
2. In der Zwischenzeit die Schnitzel halbieren (sie sollten max. 10 cm lang sein) und mit Salz und Pfeffer würzen.
3. Butter und Olivenöl in einer Pfanne erhitzen und die Schnitzel darin kurz braten.
4. Zitronen schälen und in Scheiben schneiden, Petersilie hacken.
5. Die Hälfte davon auf eine Servierplatte geben und die Schnitzel darauf anrichten. Mit den restlichen Zitronenscheiben und der restlichen Petersilie belegen.
6. Zum Schluss den heißen Bratensaft darübergießen und den Reis dazu servieren.

Tipps: Die Schnitzel sollten hauchdünn sein und nur ganz kurz gebraten werden, damit sie braun, aber nicht trocken werden. Das Rezept funktioniert auch mit sehr dünn geschnittenen Rinder- oder Hähnchenschnitzeln.
Sollte zu wenig Bratensaft übrig sein, könnt ihr noch etwas Butter in die Pfanne geben, kurz aufschäumen lassen und über die Schnitzel gießen.

20

Falafel
mit Joghurtsauce

Habt ihr schon einmal Falafel gegessen? Die knusprigen orientalischen Kichererbsenbällchen sind ganz einfach zu machen und bringen ein bisschen Orient-Feeling in eure Küche! Zusammen mit Salat oder als raffiniertes Fingerfood schmecken sie Jung und Alt.

So geht's:

1. Kichererbsen gut abtropfen lassen und die Zwiebel grob hacken.
2. Zusammen mit Salz, Pfeffer, Kreuzkümmel und Semmelbröseln kurz in der Küchenmaschine pürieren.
3. Petersilie dazugeben und so lange pürieren, bis eine feine Masse entstanden ist.
4. Mit Salz, Pfeffer und Kreuzkümmel abschmecken und aus der Masse walnussgroße Kugeln formen.
5. Ausreichend Sonnenblumenöl erhitzen und die Falafel darin nach und nach braten, bis sie auf allen Seiten knusprig und goldbraun sind.
6. Joghurt mit Salz, Pfeffer und Kreuzkümmel abschmecken.
7. Salat und Granatapfelkerne auf Tellern anrichten. Olivenöl, Zitronensaft, Salz und Pfeffer zu einem Dressing verrühren und über den Salat geben.
8. Falafel auf dem Salat anrichten und mit Joghurtsauce und Minze servieren.

Tipps: Falafel schmecken sehr gut in einem Wrap oder in Pita-Brot (arabisches Fladenbrot).
Ihr könnt den Kreuzkümmel in der Joghurtsauce auch weglassen.

30 Minuten

Zutaten für 4 Personen

Für die Falafel
1 Dose Kichererbsen (300 g)
½ Zwiebel
Salz
Pfeffer
1 TL Kreuzkümmel
4–5 EL Semmelbrösel
20 g Petersilie
100 ml Sonnenblumenöl

Für die Joghurtsauce
200 g Naturjoghurt
Salz
Pfeffer
Kreuzkümmel

Weiteres
Blattsalat nach Wahl
Granatapfelkerne
Olivenöl
Zitronensaft
Salz
Pfeffer
Minze

Feurige Garnelenpfanne

mit Knoblauch

Dieses Gericht beamt euch sofort an einen süditalienischen Strand, auf eine griechische Insel oder an die spanische Küste. Mit frischem Weißbrot zum Dippen – ein Traum!

So geht's:

1. Die Garnelen in etwa der Hälfte des Olivenöls anbraten und salzen.
2. Knoblauchzehen und Chilischote halbieren und zu den Garnelen geben.
3. Alles in eine Auflaufform füllen, das restliche Olivenöl dazugeben und etwa 10 Minuten im auf 220 Grad ⊟ vorgeheizten Backofen garen.
4. Mit Petersilie bestreuen und mit Baguette servieren.

Tipp: Ihr könnt auch Kirschtomaten mitbraten bzw. -garen – das ergibt eine leicht tomatige Sauce und ein anderes Geschmacksprofil.

20 Minuten

Zutaten für 4 Personen

400 g küchenfertige Garnelen (frisch oder tiefgekühlt)
100 ml Olivenöl
Salz
2 Knoblauchzehen
1 Chilischote
Petersilie
1 Baguette

Lachsfilet
mit Peperonisauce

Dass sich Lachs besonders schnell zubereiten lässt, ist wahrscheinlich nichts Neues für euch. Mit meiner würzigen Peperonisauce erhält er jedoch ein Upgrade. Lachs bekommt ihr fast überall zu kaufen, ihr könnt ihn aber auch durch ein anderes festfleischiges Fischfilet ersetzen.

So geht's:

1. Peperoni putzen, in grobe Stücke schneiden und in 2 Esslöffel Olivenöl etwa 5 Minuten sehr scharf anbraten, bis sie leicht braune Stellen bekommen. Mit Salz und Pfeffer würzen.
2. Zusammen mit Honig und Knoblauch im Mixer fein pürieren und mit Salz abschmecken.
3. Lachs salzen, im restlichen Olivenöl anbraten und mit etwas Weißwein ablöschen. Je nach Größe etwa 5–10 Minuten glasig garen.
4. Reis nach Packungsanweisung in Salzwasser garen.
5. Den Lachs zusammen mit Peperonisauce und Reis servieren.

Tipps: Die Peperonisauce schmeckt auch als Aufstrich oder mit Nudeln.
Ihr könnt die Sauce mit Gewürzen wie Kreuzkümmel, Zitronengras oder Chili aufpeppen.

30 Minuten

Zutaten für 4 Personen

3 rote Peperoni (Paprikaschoten)
3 EL Olivenöl
Salz
Pfeffer
1 EL Honig
1 Knoblauchzehe
4 Lachsfilets
100 ml Weißwein oder Wasser

Weiteres
240 g Reis

Orientalischer Melanzanesalat

Wenn ich unterwegs bin, probiere ich gerne Restaurants mit exotischer Küche aus. In meiner ehemaligen Wahlheimat Hamburg gibt es tolle orientalische Restaurants, eines davon hat meine Mama und mich zu diesem leckeren Melanzanesalat inspiriert. Der Salat ist eine prima Beilage, lässt sich gut vorbereiten und mitnehmen!

30 Minuten

Zutaten für 4 Personen

Für die Melanzane
2 Melanzane (Auberginen)
Salz
4 EL Olivenöl

Für das Dressing
1 Knoblauchzehe
20 g Koriander, Petersilie und/oder Minze
2 EL Honig
1–2 EL Oliven- oder Sesamöl
1 TL Essig
1 EL Zitronensaft
2 EL geröstete Pinienkerne
Salz
Chilipulver

Weiteres
Joghurtsauce (siehe S. 20)

So geht's:

1. Melanzane in dünne Scheiben schneiden und nebeneinander auf ein Blech legen.
2. Reichlich salzen, etwa 5 Minuten ziehen lassen und mit Küchenpapier trocken tupfen.
3. In Olivenöl etwa 5 Minuten auf beiden Seiten scharf anbraten und auf einer Servierplatte anrichten.
4. Knoblauch fein hacken und Kräuter zupfen. Zusammen mit Honig, Olivenöl, Essig, Zitronensaft, gerösteten Pinienkernen, Salz und Chili vermengen.
5. Das Dressing über die noch warmen Melanzanescheiben gießen und etwas ziehen lassen.
6. Vor dem Servieren eventuell noch etwas Olivenöl oder Zitronensaft darübergießen.
7. Den Melanzanesalat mit Joghurtsauce servieren.

Tipp: Der Melanzanesalat wird noch besser, wenn er ein paar Stunden durchzieht. Ihr könnt ihn also gut vorbereiten, z. B. als Beilage zum Grillen.

Cremige Brokkolinudeln

Diese herrlich cremige Pasta mit Brokkoli – ein Gericht aus meiner Kindheit – muss weder verändert noch aufgepeppt werden – sie ist, so wie sie ist, perfekt! Nehmt am besten frische Orecchiette, Fusilli oder andere kurze Nudelsorten aus dem Kühlregal, an denen die Sauce gut haftet.

20 Minuten

Zutaten für 4 Personen

400 g Orecchiette
1 kleine Zwiebel
1 Knoblauchzehe
1 EL Olivenöl
1 mittelgroßer Brokkoli
200 ml Sahne
100 ml Weißwein
Salz
Pfeffer
Parmesan

So geht's:

1. Orecchiette nach Packungsanweisung in Salzwasser al dente kochen.
2. Zwiebel und Knoblauch fein hacken und den Brokkoli in Röschen teilen.
3. Olivenöl in einer Pfanne erhitzen und Zwiebeln und Knoblauch darin anbraten.
4. Brokkoli dazugeben und mit Weißwein aufgießen. Mit Salz und Pfeffer würzen und bei mittlerer Hitze so lange köcheln lassen, bis der Weißwein eingekocht ist.
5. Sahne zufügen und die Sauce weiter köcheln lassen, bis die Nudeln gar sind.
6. Orecchiette mit der Sauce vermengen und mit geriebenem Parmesan bestreuen.

Tipp: Das Rezept funktioniert auch wunderbar mit pflanzlichen Sahnealternativen, z. B. mit Hafersahne.

30

Ofengemüse
mit Burrata

Burrata macht einfach alles besser! Diese wunderbar cremige Mozzarella-Spezialität hebt selbst einfache Gerichte in neue Sphären. Für das Ofengemüse könnt ihr alles verwenden, was euch schmeckt und ihr noch zu Hause habt. Während es gart, habt ihr Zeit, etwas anderes zu machen (oder schon mal die Küche aufzuräumen). Durch die Burrata schmeckt dieses Gericht sogar Gemüseskeptikern und -skeptikerinnen. Wetten?

30 Minuten

Zutaten für 4 Personen

2 Kartoffeln
2 Zucchini
2 rote Peperoni (Paprikaschoten)
100 g Kirschtomaten
Salz
Pfeffer
Olivenöl
4 Kugeln Burrata (à 120 g)

So geht's:

1. Kartoffeln schälen und in dünne Scheiben schneiden oder hobeln. Zucchini und Peperoni ebenfalls in dünne Scheiben bzw. Streifen schneiden, Kirschtomaten halbieren.
2. Das Gemüse in eine Auflaufform geben, salzen, pfeffern und mit etwas Olivenöl vermischen.
3. Im auf 200 Grad vorgeheizten Backofen etwa 10 Minuten garen, umrühren und weitere 10 Minuten backen, bis das Gemüse weich und gebräunt ist.
4. Aus dem Backofen nehmen und die Burrata auf dem Gemüse anrichten. Mit Pfeffer bestreuen und mit etwas Olivenöl beträufeln.

Tipp: Ihr könnt zum Gemüse noch getrocknete Tomaten, Oliven oder Kapern geben, dann schmeckt es so richtig nach Mittelmeerküche.

32

Mediterranes Fischpäckchen

Warum ich so gerne Fisch im Ofen zubereite? Meiner Meinung nach ist das die einfachste, gelingsicherste und schnellste Methode, bei der der Fisch saftig bleibt und sich der Fischgeruch in der Wohnung in Grenzen hält. Eingewickelt in Pergamentpapier gart der Fisch mit den anderen Zutaten im eigenen Saft. Aroma pur!

30 Minuten

Zutaten für 4 Personen

2 Karotten
2 Zucchini
4 festfleischige Fischfilets
(z. B. Flussbarsch, Kabeljau, Lachs)
Salz oder Fleur de Sel
Pfeffer
1 Biozitrone
8 Basilikumblätter
Olivenöl

So geht's:

1. Karotten und Zucchini putzen und in feine Würfel schneiden.
2. Jedes Fischfilet mittig auf ein ausreichend großes Stück Backpapier legen und das Gemüse darauf verteilen. Mit reichlich Salz und Pfeffer würzen.
3. Zitrone in Scheiben schneiden.
4. 1–2 Zitronenscheiben und 2 Basilikumblätter auf jedes Fischfilet legen und mit Olivenöl beträufeln.
5. Die Fischfilets so in das Backpapier wickeln, dass kein Saft auslaufen kann, und die Fischpäckchen nebeneinander auf ein Backblech legen.
6. Im auf 180 Grad vorgeheizten Backofen etwa 20 Minuten garen, bis der Fisch leicht glasig ist.

Tipps: Natürlich könnt ihr auch anderes Gemüse, z. B. Fenchel, verwenden und noch ein paar Taggiasche-Oliven auf jedes Fischfilet legen.
Das Basilikum könnt ihr durch andere Kräuter ersetzen – ganz nach eurem Geschmack.

Pasta alla Norma

In dieses Gericht habe ich mich im Urlaub auf Sizilien verliebt. Pasta alla Norma ist einer berühmten Oper gewidmet und es gibt sie in Catania in jeder Trattoria. Die Hauptrolle in diesem Gericht spielt die Melanzane. Weil die für das Original verwendete Ricotta salata außerhalb von Sizilien nur schwer zu bekommen ist, verwende ich oft Pecorino oder Parmesan. Doch auch mit diesem Ersatz schmeckt die Gemüse-Pasta himmlisch!

25 Minuten

Zutaten für 4 Personen

400 g Spaghetti
2 Melanzane (Aubergine)
Salz
Olivenöl
1 kleine Zwiebel
1 Knoblauchzehe
400 g selbst gemachte Tomatensauce
4 EL Ricotta salata, Pecorino oder Parmesan
Basilikum

So geht's:

1. Nudeln nach Packungsanweisung in Salzwasser al dente kochen.
2. Melanzane in dünne Scheiben schneiden und nebeneinander auf ein Blech legen. Reichlich salzen, etwa 5 Minuten ziehen lassen und mit Küchenpapier trocken tupfen.
3. In Olivenöl etwa 5 Minuten auf beiden Seiten scharf anbraten.
4. Inzwischen Zwiebel und Knoblauch hacken und in etwas Olivenöl anschwitzen.
5. Passierte Tomaten dazugeben, mit Salz würzen und die Sauce kurz einkochen lassen.
6. Melanzane auf Tellern anrichten, Spaghetti mit Tomatensauce vermengen und auf die Melanzane geben. Mit geriebener Ricotta salata bestreuen und mit Basilikum garnieren.

Tipps: Ihr könnt statt selbst gemachter Tomatensauce auch fertig gekaufte verwenden.
Am besten passen hier Spaghetti oder Tortiglioni!
Man kann die Melanzane auch direkt in die Sauce geben, diese Variante habe ich in Sizilien ebenfalls gegessen.
Wer es ganz würzig mag, kann die Ricotta salata auch durch etwas Feta ersetzen.

TURBO-REZEPTE
in 10–20 Minuten

Manchmal muss es einfach besonders schnell gehen – dann ist Turbo angesagt! Dass man in 20 Minuten mehr als nur ein Butterbrot und weiße Nudeln anrichten kann, zeige ich euch mit diesen Blitzrezepten. Mein Geheimnis? Zutaten, die eine sehr kurze Zubereitungszeit haben, wie Glasnudeln oder Eier, und wenig bis gar keine Schneide- oder andere Vorbereitungszeit brauchen.

STAINLESS
STEEL

Blitz-Gazpacho

Im Sommer ist Gazpacho eines meiner liebsten Gerichte – am besten mit frischen Tomaten vom eigenen Balkon, Garten oder Bauernmarkt. Wenn es zu heiß zum Kochen ist, kommt diese erfrischende kalte spanische Tomatensuppe auf den Tisch – egal, ob als kleine Vorspeise oder als Hauptgang, aber immer mit frischem Baguette. Die Suppe lässt sich, z. B. für den Grillabend, sehr gut vorbereiten und im Kühlschrank aufbewahren!

10 Minuten

Zutaten für 4 Personen

2 Gurken
5 große Tomaten
2 EL Tomatenmark
20 g Basilikum
2 Knoblauchzehen
2 EL Olivenöl
Salz
Pfeffer
Chilipulver oder frische Chilischoten
4–5 Eiswürfel
geröstete Brotwürfel (siehe S. 106)
1 Baguette

So geht's:

1. Gurken schälen und zusammen mit Tomaten, Tomatenmark, Basilikum, Knoblauch und Olivenöl fein pürieren.
2. Mit Salz und Pfeffer abschmecken und mit Chilipulver würzen.
3. Eiswürfel in eine Schüssel geben und Gazpacho zufügen.
4. Mit etwas Olivenöl, Basilikum und gerösteten Brotwürfeln garnieren und mit Baguette servieren.

Tipps: Der Gazpacho sollte sehr kalt sein, damit er seine schöne Farbe behält und erfrischend ist.
Sehr hübsch sieht das Süppchen aus, wenn es in Gläsern serviert wird.

Ofen-Feta

mit Tomaten

Während des Lockdowns wurde die Feta-Pasta auf verschiedenen Social-Media-Plattformen berühmt. Ich habe meine Variante immer ohne Pasta und dafür mit Salat, Reis, Bulgur oder Naan-Brot (Rezept in meinem ersten Kochbuch „Alles selbst gemacht!" auf S. 30) gemacht.

So geht's:

1. Tomaten und Knoblauch halbieren.
2. Feta in eine Auflaufform legen.
3. Tomaten und Knoblauch dazugeben und mit Olivenöl, Pfeffer und Oregano würzen.
4. Im auf 200 Grad vorgeheizten Backofen etwa 10–15 Minuten backen, bis der Feta anfängt, Blasen zu werfen und die Tomaten weich sind.
5. Schnittlauch fein schneiden und über den Käse streuen.

Tipps: Wenn ihr es trotzdem mal mit Nudeln ausprobieren möchtet: Nudeln kochen und am Ende einfach mit dem geschmolzenen Ofen-Feta und den Tomaten vermengen, bis eine cremige Sauce entsteht. Feta ist ein absolutes Muss in der Vorratshaltung: Der griechische Schafskäse in Salzlake hält sich ewig und kann für viele herzhafte Blitzrezepte verwendet werden.

20 Minuten

Zutaten für 4 Personen

200 g Kirschtomaten
2 Knoblauchzehen
400 g Feta
4 EL Olivenöl
Pfeffer
½ TL Oregano
Schnittlauch oder Basilikum

42

Glasnudelsalat

Die asiatische Küche hat sehr viele Blitzzutaten zu bieten, z. B. Glasnudeln. Glasnudeln habe ich immer zu Hause, weil sie nur kurz in heißem Wasser quellen müssen – noch schneller geht es fast nicht!

So geht's:

1. Glasnudeln in einer Schüssel mit kochendem Wasser übergießen und quellen lassen. Abseihen und abkühlen lassen.
2. Rindsschnitzel in dünne Streifen schneiden und kurz in 1 Esslöffel Sesamöl anbraten. Mit Salz würzen und zu den Glasnudeln geben.
3. Gemüse in feine Streifen schneiden und ebenfalls zu den Glasnudeln geben.
4. Das restliche Sesamöl, Sojasauce, Erdnüsse, Minze und Limettensaft dazugeben und alles gut vermengen. Eventuell nachwürzen.

Tipps: Für den Glasnudelsalat kann man fast jedes knackige Gemüse verwenden, das man roh essen kann.
Wenn ihr den Salat vegan zubereiten wollt, ersetzt ihr das Rindfleisch durch Tofu.
Wer es gerne scharf mag, der kann noch etwas Chili dazugeben.

20 Minuten

Zutaten für 4 Personen

200 g Glas- oder Reisnudeln
100 g dünnes Rindsschnitzel (z. B. vom Laugenrind)
4 EL Sesam- oder neutrales Pflanzenöl
Salz
1 rote oder gelbe Peperoni (Paprikaschoten)
1 Karotte
1 Gurke
4 EL Sojasauce
20 g gesalzene Erdnüsse
20 g Minze oder Koriander
1 Limette

44

Frittata
mit grünem Spargel

Schnell, einfach und sogar Low Carb: Eine Frittata könnt ihr mit beinahe jedem Gemüse zubereiten. Mit grünem Spargel und Kirschtomaten schmeckt sie besonders frühlingshaft!

So geht's:

1. Spargelenden großzügig abschneiden, das untere Drittel schälen und Tomaten halbieren.
2. Eier mit Sahne, Salz, Pfeffer und der Hälfte des Parmesan verrühren.
3. Spargel und Tomaten kurz in Olivenöl anbraten.
4. Die Eiermischung über das Gemüse gießen und kurz stocken lassen.
5. Vom Herd nehmen und mit dem restlichen Parmesan bestreuen.
6. Die Pfanne in den auf 200 Grad vorgeheizten Backofen stellen und die Frittata etwa 10 Minuten backen, bis das Ei komplett gestockt ist.

15 Minuten

Zutaten für 4 Personen

1 kg grüner Spargel
100 g Kirschtomaten
4 Eier
100 ml Sahne oder Milch
Salz
Pfeffer
50 g Parmesan
1 EL Olivenöl

Tipps: Wenn der grüne Spargel sehr dünn ist, könnt ihr ihn ungeschält verwenden. Bei dickeren Stangen solltet ihr das untere Drittel schälen oder gleich ganz wegschneiden.
Zum Überbacken könnt ihr auch andere Käsesorten verwenden, z. B. Pecorino oder Mozzarella. Das schmeckt ebenfalls lecker.

Avocado-Toast

mit Spiegelei

Habt ihr Appetit auf ein Brot oder Sandwich, das nicht langweilig ist? Dann probiert unbedingt Avocado-Toast mit Ei. Sesam, Kräuterseitlinge oder Gewürze wie Chili-Vanille-Salz geben dem Ganzen das gewisse Etwas – sie sind aber kein Muss, falls ihr diese Zutaten nicht zu Hause habt.

So geht's:

1. Avocados halbieren, den Kern entfernen und das Fruchtfleisch mit einem Löffel vorsichtig aus der Schale heben.
2. Baguettescheiben im Toaster kurz rösten.
3. Avocado-Fruchtfleisch in Scheiben schneiden und auf den Brotscheiben anrichten.
4. Kräuterseitlinge in Scheiben schneiden, in 1 Esslöffel Olivenöl kurz goldbraun anbraten und auf je 4 Brotscheiben legen. Mit Salz, Pfeffer und schwarzem Sesam garnieren.
5. Die Eier im restlichen Olivenöl braten, auf den restlichen Brotscheiben anrichten und mit Salz, Pfeffer und fein gehackter Petersilie bestreuen.

15 Minuten

Zutaten für 4 Personen

2 Avocados
8 Scheiben Baguette
4 Eier
4 Kräuterseitlinge oder Champignons
2 EL Olivenöl
Salz oder Chili-Vanille-Salz
Pfeffer
schwarzer Sesam
Petersilie

Tipp: Avocado-Toast mit Ei ist ein typisches Brunch-Gericht. Statt mit einem Spiegelei könnt ihr es auch sehr gut mit einem pochierten Ei servieren: Dafür Wasser mit einem Spritzer Weißweinessig zum Kochen bringen. Die Hitze reduzieren und das Ei vorsichtig hineinschlagen. Dabei das Eiweiß mit einem Löffel leicht um das Eigelb ziehen. Etwa 4 Minuten pochieren. Das Ei ist fertig, wenn sich das Eiweiß wie eine Hülle um das Eigelb gelegt hat und dieses beim Antippen noch weich ist. Pochierte Eier geben dem Ganzen einen festlichen Touch.

48

Überbackenes

Tomaten-Mozzarella-Baguette

Noch ein Gericht aus der Kategorie Toast – aber besser. Mit nur drei Zutaten, die die meisten von euch wahrscheinlich eh zu Hause haben (Brot, Mozzarella und Tomaten), kann man ein herrliches, schnelles Mittag- oder Abendessen zaubern, das garantiert (fast) allen schmeckt.

So geht's:

1. Tomaten in dünne Scheiben schneiden.
2. Baguette auf ein mit Backpapier oder Dauerbackfolie belegtes Backblech legen und die Tomaten darauf verteilen.
3. Mozzarella in Scheiben schneiden oder in Stücke zupfen und auf die Tomaten legen. Mit Salz, Pfeffer und Oregano würzen.
4. Im auf 200 Grad vorgeheizten Backofen etwa 5–10 Minuten backen, bis der Käse geschmolzen und leicht goldbraun ist.

Tipps: Ihr könnt das überbackene Baguette auch in kleine Stücke schneiden und zum Aperitif oder als kleinen Antipasto servieren! Auch lecker: Nach dem Backen Basilikumblätter oder etwas Pesto daraufgeben.

15 Minuten

Zutaten für 4 Personen

4 große Tomaten
4 Scheiben Baguette oder Ciabatta
2 Kugeln Mozzarella (à 125 g)
Salz oder Fleur de Sel
Pfeffer
Oregano

50

Vitello tonnato

auf meine Art

Eine der sehr wenigen Zutaten, die mir nicht schmeckt, ist Mayonnaise. Deshalb – und weil es im Sommer wesentlich leichter und erfrischender ist – gebe ich euch hier unser Familienrezept für ein abgewandeltes Vitello tonnato mit Joghurt. Ein Klassiker für heiße Tage, der viel Sommerfeeling versprüht. Die schwere Mayo aus dem Originalrezept wird garantiert niemand vermissen!

So geht's:

1. Naturjoghurt mit Thunfisch, Salz, Pfeffer, Zitronensaft und Kapern ganz kurz mit dem Pürierstab pürieren.
2. Eventuell mit Salz, Pfeffer und Zitronensaft abschmecken.
3. Roastbeef auf Tellern anrichten und die Thunfischsauce darübergießen.
4. Mit Kapernfrüchten garnieren und mit Baguette servieren.

Tipps: Im Original wird Vitello tonnato mit dünn geschnittenem Kalbfleisch gemacht, aber ich finde, diese Variante ist unkomplizierter und schmeckt sehr gut.
Die Sauce sollte nur ganz kurz gemixt werden, da sie ansonsten zu flüssig wird.

10 Minuten

Zutaten für 4 Personen

400 g Naturjoghurt
2 Dosen Thunfisch (à 80 g)
Salz
Pfeffer
1 TL Zitronensaft
2 TL Kapern in Salzlake
400 g dünn geschnittenes Roastbeef
Kapernfrüchte in Salzlake
Baguette oder Ciabatta

52

Selleriesalat

mit Parmesan und Zitrone

Sellerie wird meiner Meinung nach oft zu Unrecht stiefmütterlich behandelt. Dieses Gericht habe ich zum ersten Mal bei einer Freundin gegessen (danke, Dominique!) und es hat seitdem einen Stammplatz auf dem Speiseplan meiner Familie. Als Salat mit ganz viel Zitronensaft und Parmesan überzeugt die Knolle sogar Sellerieverächter, denn hier verwandelt sie sich in einen wunderbar cremigen und erfrischenden Salat. Probiert das Rezept unbedingt aus – z. B. als Beilage zu Fleisch.

10 Minuten

Zutaten für 4 Personen

1 Knollensellerie
100 g Parmesan
2 Zitronen
4 EL Olivenöl
Salz
Pfeffer
Zitronenscheiben

So geht's:

1. Sellerie schälen und fein reiben.
2. Parmesan reiben und die Zitronen auspressen.
3. Sellerie mit Parmesan, Zitronensaft, Olivenöl, Salz und Pfeffer würzen.
4. Eventuell noch etwas mehr Parmesan und Zitronensaft dazugeben, damit der Salat nicht trocken, sondern saftig wird.
5. Mit Zitronenscheiben garniert servieren.

Tipp: Der Selleriesalat ist auch ein tolles, leichtes Hauptgericht.

Orientalisches Shakshuka

mit Kichererbsen

Wie ihr vielleicht schon gemerkt habt, hat es mir die orientalische Küche angetan. Viele ihrer Gerichte basieren auf Gemüse, Hülsenfrüchten und Kräutern und werden mit leckeren Gewürzen zubereitet – also genau mein Ding! Shakshuka ist im Nahen Osten traditionell ein Frühstücksgericht – ich bereite es aber gerne als Mittag- oder Abendessen zu. Es ist leicht, gesund und proteinreich.

20 Minuten

Zutaten für 4 Personen

½ Zwiebel
2 rote Peperoni (Paprikaschoten)
2 EL Olivenöl
400 g selbst gemachte Tomatensauce
1 Dose Kichererbsen (400 g)
Salz
Pfeffer
1 TL Kreuzkümmel
Chili
4 Eier
Koriander oder Petersilie
Fladen- oder Weißbrot

So geht's:

1. Zwiebel fein hacken und Peperoni in Streifen schneiden.
2. Alles in Olivenöl anbraten und mit Tomatensauce aufgießen.
3. Kichererbsen dazugeben und mit Salz, Pfeffer, Kreuzkümmel und Chili würzen. Etwa 10 Minuten einkochen lassen.
4. Mit einem Löffel Mulden in die Tomatensauce drücken und jeweils ein Ei vorsichtig hineinschlagen.
5. Die Pfanne mit einem Deckel verschließen und die Eier etwa 4 Minuten in der Sauce pochieren lassen. (Das Eiweiß sollte gestockt und das Eigelb noch weich sein.)
6. Mit gehacktem Koriander und Brot servieren.

Tipps: Ihr könnt die selbst gemachte Tomatensauce auch durch eine aus dem Glas ersetzen.
Dazu passt ein Naan-Brot wunderbar (Rezept in meinem ersten Kochbuch „Alles selbst gemacht!", S. 30).

Gebackener Ziegenkäse

mit Honig und Walnüssen

Comfort Food – superlecker und dabei so einfach und schnell: Ziegenkäse mit Honig, Walnüssen, Rosmarin, Thymian oder Lavendel. Am besten serviert ihr den Ziegenkäse auf einem knackigen Salat. Er macht das Gericht schön frisch und sieht toll aus!

20 Minuten

Zutaten für 4 Personen

4 Scheiben Ziegenweichkäse
(z. B. Ziegenrolle oder Ziegencamembert)
4 EL Honig
4 EL Olivenöl
30 g Walnüsse
2–3 Zweige Rosmarin, Thymian oder Lavendel
Salz oder Fleur de Sel

So geht's:

1. Ziegenkäse in eine Auflaufform legen und mit Honig und Olivenöl beträufeln.
2. Walnüsse hacken und zusammen mit Rosmarin über den Käse streuen. Mit Salz würzen.
3. Im auf 180 Grad (Umluft) vorgeheizten Backofen etwa 15 Minuten backen, bis der Ziegenkäse weich und an der Oberfläche leicht goldbraun ist.

Tipps: Anstelle von Honig, Walnüssen und Kräutern könnt ihr auch Zitronenschale und Chili verwenden.
Serviert dazu am besten einen Salat sowie Baguette oder Ciabatta.

NEFF
cook. create. inspire.
OFFEN WIE
KEIN ANDERER
Slide & Hide® -
Der einzige Backofen mit
voll versenkbarer Tür.
Erhältlich bei dem Tischler,
Einrichtungshaus oder
Küchenstudio Ihrer Wahl.
INTERFORM
Ihr Partner für Küchengeräte
Exklusive Showrooms in Bozen und Trient:
Auf über 300 m² Küchengeräte
der Marke NEFF erleben. interform.bz.it

Couscous-Caprese-Auflauf

Der Couscous-Caprese-Auflauf ist seit Kurzem eines unserer vegetarischen Lieblingsgerichte. Er ist so herrlich einfach, schnell gemacht und schmeckt wahnsinnig lecker. Außerdem ist er ein perfektes Meal-Prep-Gericht!

20 Minuten

Zutaten für 4 Personen

400 g Couscous
2 EL Tomatenmark
Salz
3 Kugeln Mozzarella (à 125 g)
400 g selbst gemachte Tomatensauce
100 g schwarze Oliven ohne Stein
½ TL Oregano
Parmesan
Petersilie

So geht's:

1. Couscous mit der doppelten Menge heißem Wasser übergießen. Tomatenmark unterrühren, salzen und etwa 5 Minuten quellen lassen.
2. Mozzarella in Würfel schneiden oder in grobe Stücke zupfen.
3. Eine Auflaufform einfetten und die Hälfte der Tomatensauce hineingeben.
4. Darauf die Hälfte des Couscous verteilen und mit Mozzarella und Oliven belegen.
5. Die restliche Tomatensauce, Couscous, Mozzarella und Oliven darauf schichten.
6. Mit Oregano und geriebenem Parmesan bestreuen und im auf 210 Grad vorgeheizten Backofen etwa 15 Minuten backen.
7. Mit gehackter Petersilie servieren.

Tipps: Ihr könnt statt selbst gemachter Tomatensauce auch fertig gekaufte verwenden.
Den fertig vorbereiteten Auflauf könnt ihr einen Tag im Kühlschrank aufbewahren und dann direkt im Backofen garen.
Es ist auch ein tolles Gericht für Gäste!

Asiatische Pfannennudeln

mit Pilzen

Wenn es richtig schnell gehen soll, gibt es bei uns manchmal diese Pfannennudeln, die ihr eigentlich überall in gut sortierten Supermärkten, Bio- oder Asialäden bekommt. Die Nudeln müssen nicht extra gekocht werden, sie garen in der Sauce.

So geht's:

1. Champignons in Scheiben schneiden und so lange in Butter anbraten, bis sie leicht gebräunt sind.
2. Pfannennudeln dazugeben und mit Wasser aufgießen.
3. Mit Salz und Pfeffer würzen und die Flüssigkeit etwa 5 Minuten einkochen lassen.
4. Die Pfannennudeln mit in Scheiben geschnittener Chilischote, Basilikum und Erdnüssen bestreut servieren.

Tipps: Ihr könnt die Pfannennudeln auch mit Kräuterseitlingen – damit esse ich sie am liebsten – oder anderen Pilzen zubereiten. Wenn ihr nicht so gerne scharf esst, dann könnt ihr die Chilischote auch weglassen und stattdessen eine milde Spitzpeperoni (Spitzpaprika) verwenden.

15 Minuten

Zutaten für 4 Personen

250 g Champignons
1 EL Butter
250 g chinesische Pfannennudeln
200 ml Wasser
Salz
Pfeffer
1 Chilischote
Basilikum oder Koriander oder Petersilie
geröstete, gesalzene Erdnüsse

FÜR GÄSTE

Ihr möchtet gerne Gäste einladen oder bekommt Besuch und wollt etwas kochen, was nicht aufwändig ist, aber trotzdem allen schmeckt? Dann ist dieses Kapitel genau das richtige für euch, denn hier sind meine besten Rezepte gesammelt, die (fast) jedem schmecken, einfach und schnell zubereitet sind und für die ihr keine lange Einkaufsliste braucht. Die meisten Gerichte könnt ihr gut vorbereiten, sodass ihr euch ganz euren Gästen widmen könnt.
Auch wenn ihr keine Gäste erwartet, sind die folgenden Gerichte perfekt für die Familie – schließlich sind eure Lieben die „Gäste" des Alltags, denen ihr immer wieder etwas Leckeres auftischen wollt, oder nicht?

Dinkel-Flammkuchen

mit Kürbis und Speck

Herrlich einfach und gut vorzubereiten. Die Kombination mit Kürbis und Speck ist ein Klassiker, der beinahe jedem schmeckt und – in meiner Version – ohne Weizenmehl auskommt. Ihr bekommt damit sogar eine ganze Fußballmannschaft satt, denn Flammkuchen lässt sich ohne viel Aufwand für viele Personen zubereiten.

30 Minuten

Zutaten für 4 Personen

Für den Teig

200 g Dinkelmehl
200 g Dinkelvollkornmehl
240 ml Wasser
20 g Olivenöl
½ TL Salz

Für den Belag

1 Hokkaidokürbis (etwa 1 kg)
100 g Speck
400 g Frischkäse oder Quark
50 ml Sahne
Salz
Pfeffer

So geht's:

1. Dinkel-, Dinkelvollkornmehl, Wasser, Olivenöl und Salz zu einem Teig verkneten und abgedeckt kurz ruhen lassen.
2. Kürbis in dünne Scheiben und Speck in kleine Würfel schneiden.
3. Frischkäse und Sahne verrühren und mit Salz und Pfeffer würzen.
4. Den Teig halbieren, jede Hälfte dünn ausrollen und zwei Tarteformen damit auslegen.
5. Die Frischkäsecreme auf den Teig streichen und mit Kürbis und Speck belegen.
6. Die Flammkuchen im auf 200 Grad vorgeheizten Backofen etwa 15–20 Minuten backen (der Kürbis sollte weich und die Teigränder goldbraun und knusprig sein).

Tipps: Ihr könnt auch andere Kürbissorten, z. B. Butternut, verwenden. Diese müssen allerdings geschält werden.
Wenn ihr keinen Kürbis mögt, bereitet ihr das Ganze einfach mit anderem Gemüse und Feta oder nur mit Speck zu.
Die Flammkuchen können auch auf einem mit Backpapier ausgelegten Backblech gebacken werden.
Falls es einmal besonders schnell gehen soll, könnt ihr einfach einen fertigen Teig aus dem Kühlregal verwenden.

Zitronenrisotto

Dieser Risotto ist mit seinem herzhaft-süßen Zitronen-Parmesan-Karamell (ja, ihr habt richtig gelesen!) ein einfaches Rezept für den Alltag. Der Risotto schmeckt cremig, würzig und gleichzeitig zitronig frisch.

So geht's:

1. Zitronen dünn schälen, den Saft auspressen und die Schale in kleine Würfel schneiden.
2. Risottoreis in Olivenöl kurz toasten. Mit Weißwein ablöschen und nach und nach mit Gemüsebrühe aufgießen.
3. Gelegentlich umrühren und bei schwacher Hitze etwa 20–25 Minuten garen.
4. In der Zwischenzeit Zucker karamellisieren lassen. Mit Zitronensaft aufgießen und Zitronenschale, Butter und geriebenen Parmesan unterrühren. Zitronen-Parmesan-Karamell vom Herd nehmen und zur Seite stellen.
5. Wenn der Risotto bissfest ist, mit Salz und Pfeffer abschmecken, vom Herd nehmen, mit dem Zitronen-Parmesan-Karamell vermengen und sofort servieren.

Tipps: Wer den Reis nicht abwiegen will, kann auch 2 Tassen Reis verwenden.
Noch schneller geht es, wenn ihr die Zitronenschale einfach grob abreibt.

30 Minuten

Zutaten für 4 Personen

2 Biozitronen
320 g Risottoreis
1 EL Olivenöl
200 ml Weißwein
500 ml Gemüsebrühe oder Wasser
2 EL Zucker
2 EL Butter
30 g Parmesan
Salz
Pfeffer

Penne alla Vodka

auf meine Art

Wenn es schnell gehen muss, macht man meistens immer dieselben Nudelsaucen, aber es gibt noch mehr als Tomatensauce, Bolognese oder Pesto – beispielsweise cremige Penne alla Vodka. Keine Angst, der Vodka verkocht, aber er gibt diesem Gericht eine besondere Note, ohne aufdringlich zu sein. Auch mit diesem Gericht kann man viele hungrige Gäste verköstigen.

25 Minuten

Zutaten für 4 Personen

1 kleine Zwiebel
1 Knoblauchzehe
1 EL Olivenöl
4 EL Tomatenmark
200 ml Sahne
20 ml Vodka
400 g Penne
Salz
Pfeffer
Parmesan

So geht's:

1. Zwiebel und Knoblauch fein hacken und in Olivenöl anschwitzen.
2. Tomatenmark dazugeben und etwa 1 Minute mitrösten. Mit Sahne und Vodka aufgießen und ein paar Minuten einkochen lassen.
3. Die Nudeln in kochendes Salzwasser geben und nach Packungsanweisung al dente kochen.
4. Die Sauce mit Salz und Pfeffer abschmecken und bei niedriger Hitze so lange köcheln lassen, bis die Nudeln fertig sind.
5. Penne abgießen, mit der Sauce vermengen und mit geriebenem Parmesan bestreut servieren.

Tipp: Anstelle von Penne passen auch andere kurze Nudelsorten wie Fusilli oder Farfalle.

Schnelles Butter Chicken

Ich liebe indisches Essen! Und da es nicht so viele Möglichkeiten gibt, indisch essen zu gehen, koche ich häufig selber Butter Chicken. Das schmeckt fast so lecker wie im Restaurant und ist ganz einfach. Die Gewürze spielen bei diesem Rezept allerdings eine wichtige Rolle. Ihr bekommt sie im Bioladen, online oder in gut sortierten Supermärkten bzw. Asialäden.

30 Minuten

Zutaten für 4 Personen

Für das Fleisch
800 g Hühnerbrustfilet
100 g Naturjoghurt
2 EL Garam Masala
1 TL Kreuzkümmel
1 EL Paprikapulver
1 TL Zimt
1 TL Kardamom
½ Zitrone, Saft
Salz

Für die Sauce
1 kleine Zwiebel
1 Knoblauchzehe
Ingwer (etwa 2 cm)
2 EL Sonnenblumenöl
1 EL Garam Masala
1 EL Kreuzkümmel
1 EL Paprikapulver
Chilipulver oder -sauce
400 ml passierte Tomaten
200 ml Sahne
Salz
Koriander oder Petersilie

So geht's:

1. Hühnerbrust in etwa 3 x 3 cm große Würfel schneiden.
2. Joghurt, Garam Masala, Kreuzkümmel, Paprikapulver, Zimt, Kardamom, Zitronensaft und Salz verrühren und das Fleisch damit marinieren.
3. Zwiebel, Knoblauch und Ingwer fein hacken und in Sonnenblumenöl anschwitzen.
4. Garam Masala, Kreuzkümmel und Paprikapulver dazugeben und kurz mitrösten.
5. Das Fleisch dazugeben und kurz mitbraten.
6. Mit passierten Tomaten und Sahne aufgießen und mit Chilipulver und Salz würzen.
7. Die Sauce etwa 15 Minuten köcheln lassen, bis sie etwas eingedickt und das Fleisch gar ist.
8. Mit gehacktem Koriander bestreuen und servieren.

Tipps: Das Gericht lässt sich gut vorbereiten. Ihr könnt das Fleisch schon am Vorabend marinieren und über Nacht im Kühlschrank durchziehen lassen.
Am besten schmeckt Butter Chicken mit Naan-Brot (Rezept in meinem ersten Buch „Alles selbst gemacht", S. 30) oder Reis.

Katchapuri

Georgische Käsebrotschiffchen

Fluffiger Teig, cremige Käsefüllung … Katchapuri. Beim Originalrezept wird kurz vor dem Ende der Backzeit noch ein Spiegelei auf den Käse gelegt – sieht optisch cool aus, ist aber auch etwas mächtiger. Probiert einfach aus, was euch besser schmeckt. Bei uns sind die Käse-Brot-Schiffchen seit Kurzem eines unserer Lieblingsgerichte, wenn wir mal Abwechslung vom alltäglichen Speiseplan brauchen. Katchapuri ist wie Flammkuchen ein leckeres Gericht zu einem Glas kühlen Weißwein. Es ist noch dazu vegetarisch und perfekt für Gäste.

30 Minuten

Zutaten für 4 Personen

2 Pkg. rechteckiger Fertig-Pizzateig (à 380 g, aus dem Kühlregal)
250 g Feta
250 g Mozzarella
250 g Ricotta
Salz
Pfeffer
Kräuter (z. B. Petersilie, Koriander, Basilikum)

So geht's:

1. Pizzateig ausrollen und in je zwei Rechtecke schneiden. Die längeren Seiten etwas einrollen und die schmalen Seiten so zusammendrücken, dass ein längliches Schiffchen entsteht.
2. Feta und Mozzarella grob zerkleinern und mit Ricotta, Salz und Pfeffer verkneten.
3. Die Käsemasse in die Teig-Schiffchen füllen und auf ein mit Backpapier ausgelegtes Backblech legen.
4. Im auf 200 Grad vorgeheizten Backofen etwa 15–20 Minuten backen, bis der Teig goldbraun und die Käsemasse geschmolzen ist.
5. Die Katchapuri mit fein gehackten Kräutern und frisch gemahlenem Pfeffer bestreuen.

Tipp: Wenn ihr Zeit habt, könnt ihr den Pizzateig natürlich selber machen – mit dem Pizzateig aus dem Kühlregal sind die Katchapuri aber sehr schnell fertig, was oft praktisch ist.

Cremiger Zucchinirisotto

Cremig, cremiger, Zucchinirisotto! Die Zucchini nehmen sich hier dezent zurück, sodass der Risotto sogar Menschen überzeugt, die Zucchini eigentlich ablehnen. Und Kindern mit einer Antigemüsehaltung kann man so wenigstens ein bisschen Gemüse ins Essen schmuggeln.

30 Minuten

Zutaten für 4 Personen

1 kleine Zwiebel
1 Knoblauchzehe
2 EL Olivenöl
2 Zucchini
400 g Risottoreis
Gemüsebrühe
100 ml Sahne
Parmesan
Salz

So geht's:

1. Zwiebel und Knoblauch fein hacken und in Olivenöl anschwitzen.
2. Zucchini grob raspeln, dazugeben und mitbraten.
3. Risottoreis zufügen, etwa 1 Minute anschwitzen und mit so viel Gemüsebrühe aufgießen, dass der Reis bedeckt ist.
4. Unter ständigem Rühren etwa 20 Minuten köcheln lassen und immer wieder mit Gemüsebrühe aufgießen.
5. Wenn der Reis bissfest ist, vom Herd nehmen und Sahne sowie geriebenen Parmesan unterrühren. Mit Salz abschmecken.

Tipp: Durch die Sahne wird der Risotto besonders cremig. Ihr könnt aber auch Butter oder 1 Esslöffel Frischkäse unterrühren.

Tagliata
mit Rucola-Parmesan-Salat

Eindruck machen, aber ohne viel Aufwand: Das geht wunderbar mit einer Tagliata und einem knackigen Salat. Durch getrocknete Tomaten, Oliven, Pinienkerne und Parmesan wird der Salat zu etwas Besonderem und gibt dem ganzen Gericht das mediterrane Etwas.

30 Minuten

Zutaten für 4 Personen

4 Scheiben Rinderfilet oder Spitzrose à 200 g (z. B. vom Laugenrind)
Salz
Pfeffer
Olivenöl
1 EL Butter
150 g Rucola
2 EL getrocknete Tomaten
2 EL Oliven
2 EL Pinienkerne
25 g Parmesan
1 Zitrone, Saft

So geht's:

1. Fleisch mit Salz und Pfeffer würzen.
2. Olivenöl und Butter in einer Pfanne erhitzen und das Fleisch auf beiden Seiten jeweils etwa 2 Minuten scharf anbraten.
3. In eine Auflaufform oder auf einen Teller legen, mit Alufolie abdecken und kurz ruhen lassen.
4. In der Zwischenzeit Rucola, getrocknete Tomaten und Oliven grob hacken und in eine Schüssel geben.
5. Parmesan hobeln. Die Hälfte davon mit Pinienkernen zum Rucola geben. Mit Salz, Pfeffer, Zitronensaft und Olivenöl abschmecken.
6. Das Fleisch in Scheiben schneiden und auf dem Salat anrichten.
7. Mit dem restlichen Parmesan und Pfeffer garniert servieren.

Tipps: Wenn ihr mehr Zeit habt, könnt ihr das Fleisch auch im Ganzen Sous-Vide garen, bis es eine Kerntemperatur von 55 Grad erreicht (das dauert etwa 90 Minuten bei 800 g Rinderfilet). Für die Röstaromen wird es anschließend noch kurz angebraten. Falls ihr in Öl eingelegte Tomaten und/oder Oliven verwendet, könnt ihr beim Salat das Olivenöl weglassen.

Hühnchen
in cremiger Currysauce

Wenn meine Schwester sich ein Gericht wünschen könnte, wäre es in neun von zehn Fällen wohl dieses cremige Curry. Das einfache, aber unglaublich leckere Gericht könnt ihr problemlos fast jedem Gast servieren. Sogar eine Veggie-Variante mit Tofu ist möglich.

So geht's:

1. Basmatireis nach Packungsanweisung etwa 15 Minuten in gesalzenem Wasser kochen.
2. Hühnerbrust in mundgerechte Stücke schneiden und in Öl goldbraun anbraten.
3. Mit Weißwein ablöschen und mit Salz und Currypulver würzen.
4. Sahne dazugeben und so lange einkochen lassen, bis das Fleisch gar ist.
5. Mit Erdnüssen und Sesam garnieren und mit Basmatireis servieren.

Tipps: Das beste Currypulver – ihr könnt zwischen mild und scharf wählen – gibt es meiner Meinung nach im Bioladen oder im Onlineshop eines Gewürzhändlers. Mildes Currypulver eignet sich für Gäste und immer dann, wenn Kinder mitessen. Ihr könnt in diesen Fällen ja eventuell Chilipulver oder -sauce auf den Tisch stellen, dann können die, die Schärfe lieben, einfach nachwürzen.
Statt mit Sahne könnt ihr das Gericht auch mit Kokosmilch oder einer veganen Sahnealternative zubereiten.

25 Minuten

Zutaten für 4 Personen

200 g Basmatireis
500 g Hühnerbrustfilet
2 EL neutrales Pflanzenöl (z. B. Sonnenblumenöl)
100 ml Weißwein
Salz
3 EL Currypulver
200 ml Sahne
20 g geröstete, gesalzene Erdnüsse
2 EL schwarzer Sesam

Hackbällchen

Gyros-Art

Fleischkrapflen kann man auf viele verschiedene Arten zubereiten, sie werden nie langweilig! Probiert unbedingt einmal diese griechischen Hackbällchen! Sie lassen sich auch gut in großen Mengen vorbereiten – ideal für viele Gäste.

So geht's:

1. Hackfleisch mit Ei vermengen und mit Salz, Pfeffer, Gyrosgewürz und Sojasauce würzen.
2. Zwei Drittel Tomatensauce in eine Auflaufform geben. Aus der Hackfleischmasse walnussgroße Bällchen formen und in die Auflaufform legen.
3. Die restliche Tomatensauce darübergießen und im auf 200 Grad ⊟ vorgeheizten Backofen etwa 20 Minuten garen.
4. Aus dem Backofen nehmen und mit zerbröseltem Feta und fein zerriebenem Oregano bestreuen.

Tipps: Ihr könnt die selbst gemachte Tomatensauce auch durch eine aus dem Glas ersetzen.
Wenn ihr kein Gyrosgewürz habt, könnt ihr das Hackfleisch auch mit Paprikapulver, Oregano und Kreuzkümmel würzen.
Zu den Hackbällchen passen Pita- und Naan-Brot (Rezept in meinem ersten Buch „Alles selbst gemacht", S. 30) sowie Baguette.

30 Minuten

Zutaten für 4 Personen

800 g Rindsfaschiertes (Rinderhackfleisch)
1 Ei
Salz
Pfeffer
3 EL Gyrosgewürz
2 EL Sojasauce
400 g selbst gemachte Tomatensauce
200 g Feta
1 TL getrockneter Oregano

Marinierter Feta

Ein würziger Antipasto, den ich im Sommer gerne zubereite, ist marinierter Feta auf Weißbrotscheiben. Mit Olivenöl, Kräutern und Schärfe wird's lecker cremig.

So geht's:

1. Feta in kleine Würfel schneiden, Zwiebel, Knoblauch, Minze und Petersilie fein hacken.
2. Alles in eine Schüssel geben und mit Zitronensaft, Olivenöl und Chilipulver würzen. Gut vermischen.
3. Mit Baguette servieren.

Tipps: Der marinierte Feta passt auch gut zu Gegrilltem, z. B. zu Hähnchen oder Gemüse.
Ihr solltet auf keinen Fall am Olivenöl sparen!

10 Minuten

Zutaten für 4 Personen

200 g Feta
½ kleine Zwiebel
1 Knoblauchzehe
1–2 Stiele Minze
2 Stiele Petersilie oder Koriander
1 TL Zitronensaft
Olivenöl
Chilipulver
1 Baguette

MEAL PREP –
zum Mitnehmen

Alle, die zur Arbeit nicht immer nur Salat und Brot mitnehmen möchten oder die ihr Essen gerne vorbereiten, finden in diesem Kapitel die perfekten Gerichte. Meal Prep heißt so viel wie Essen vorbereiten – egal, ob für eine schnelle Mittagspause im Büro, für ein Picknick mit der Familie oder einfach weil ihr unter der Woche wenig Zeit zum Kochen habt. Die folgenden Rezepte sind dafür besonders gut geeignet. Sie zeigen, dass Meal Prep nicht langweilig und immer gleich sein muss, sondern dass man aus wenigen Zutaten viele leckere und abwechslungsreiche Gerichte zaubern kann, die sich prima mitnehmen lassen.

Blätterteig-schnecken

mit Frischkäse, Schinken und Zucchini

Die Schnecken waren nach dem Fotografieren sofort weg – kein Wunder, denn sie sind lecker-würzig und saftig zugleich. Ihr könnt sie zum Picknick mitnehmen oder zum Aperitif servieren.

⏱ 30 Minuten

Zutaten für 4 Personen

2 Zucchini
2 EL Olivenöl
Salz
2 Pkg. Blätterteig (à 270 g, aus dem Kühlregal)
200 g Frischkäse
100 g Schinken
rosa Pfefferkörner

So geht's:

1. Zucchini in dünne Scheiben schneiden, in Olivenöl anbraten und mit Salz würzen.
2. Blätterteig ausrollen, mit Frischkäse bestreichen und mit Schinken belegen.
3. Zucchini darauflegen, mit rosa Pfefferkörnern bestreuen und aufrollen.
4. Die Blätterteigrolle in etwa 3 cm breite Scheiben schneiden und in eine mit Backpapier ausgelegte Auflaufform legen.
5. Etwa 20 Minuten im auf 220 Grad ⊟ vorgeheizten Backofen backen, bis sie goldbraun sind.

Tipps: Anstelle von Schinken könnt ihr auch Räucherlachs verwenden. Für eine vegetarische Variante lasst ihr den Schinken weg und verwendet stattdessen etwas mehr Zucchini, die ihr mit Parmesan bestreut.

Couscous-Karotten-Salat

Couscous ist gesund, wandelbar und eignet sich besonders gut zum Mitnehmen. Mit den marinierten Karotten schmeckt er so richtig exotisch. Als nicht-vegane Variante ist er mit Mozzarella oder Feta ebenfalls sehr lecker.

15 Minuten

Zutaten für 4 Personen

400 g Couscous
Salz
4 Karotten
4 EL Olivenöl
4 EL Sojasauce
2 Zitronen, Saft
Salz
Pfeffer
Kreuzkümmel oder Curry
50 g Salat nach Wahl

So geht's:

1. Couscous mit der doppelten Menge kochendem Salzwasser übergießen und etwa 5 Minuten quellen lassen.
2. Karotten schälen und mit einem Sparschäler oder Spiralschneider in feine Streifen schneiden.
3. Mit Olivenöl, Sojasauce, Zitronensaft, Salz, Pfeffer und Kreuzkümmel würzen.
4. Couscous eventuell mit etwas Salz oder Sojasauce nachwürzen und mit Karotten und Salat in einen Behälter schichten.

Tipps: Dazu schmecken Wildkräutersalat, Feldsalat oder Rucola besonders gut.
Im Sommer ist ein Couscous-Schichtsalat in allen Varianten ein beliebtes To-go-Gericht – z. B. auch mit Burrata und Kirschtomaten, mit Gurke und Feta oder mit Hühnerbrust und Salat.
Passt auch sehr gut zum Grillen.

Salat mit Mango, Avocado

und Hühnerbruststreifen

Ich habe diesen Salat in einer ähnlichen Version zum ersten Mal in einem Restaurant gegessen und war positiv überrascht – ich hätte nie gedacht, dass Mango in einem herzhaften Gericht so toll schmecken kann! Mittlerweile ist dieser Salat ein erfrischender Sommer-Klassiker bei uns geworden.

25 Minuten

Zutaten für 4 Personen

4 Hühnerbrustschnitzel (à 150 g)
Salz
6 EL geröstetes Sesamöl
200 g Salat nach Wahl
1 Mango
1 Avocado
1 Zitrone, Saft
4 EL Sojasauce
Minze

So geht's:

1. Hühnerbrustschnitzel salzen, in 2 Esslöffel Sesamöl anbraten und in dünne Streifen schneiden.
2. Salat eventuell mundgerecht zupfen und in eine Schüssel geben.
3. Mango und Avocado schälen, in Würfel schneiden und zum Salat geben.
4. Das restliche Sesamöl mit Sojasauce und Zitronensaft verrühren und über den Salat gießen.
5. Fleisch und grob gezupfte Minze zufügen und alles gut vermengen.

Tipps: Besonders gut schmeckt das Gericht mit Wildkräutersalat. Das Sesamöl könnt ihr auch durch Olivenöl ersetzen.
Probiert den Salat mal mit Garnelen oder Halloumi statt mit Hühnerbrust.
Wenn ihr den Salat mitnehmen wollt, dann solltet ihr das Dressing separat transportieren und erst kurz vor dem Essen über den Salat geben.

Tramezzini
mit Grillgemüse und Pesto

Diese Tramezzini waren bei einem meiner letzten „Essen zum Mitnehmen"-Kochkurse der Hit – sie sehen simpel aus, sind aber superlecker und einfach zu machen. Zudem könnt ihr die Zutaten dafür – bis auf das Gemüse – gut auf Vorrat kaufen!

30 Minuten

Zutaten für 4 Personen

1 Zucchini
1 Karotte
1 rote Peperoni (Paprikaschote)
100 g Champignons
Salz
Pfeffer
Olivenöl
4 Scheiben Tramezzini-Brot oder 8 Scheiben Toastbrot
4 EL rotes oder grünes Pesto

So geht's:

1. Zucchini, Karotte, Peperoni und Champignons in feine Scheiben schneiden und auf einem Backblech verteilen.
2. Mit Salz, Pfeffer und Olivenöl würzen und im auf 200 Grad vorgeheizten Backofen etwa 15 Minuten grillen.
3. Tramezzini-Brotscheiben in Olivenöl auf beiden Seiten hellbraun rösten.
4. Zwei Scheiben mit Pesto bestreichen, mit Grillgemüse belegen und mit den restlichen Brotscheiben abdecken.
5. Tramezzini in Dreiecke schneiden.

Tipps: Ihr könnt das Gemüse auch in der Pfanne oder auf dem Grill zubereiten.
Das Rezept eignet sich prima, um vom Grillen übrig gebliebenes Gemüse zu verwerten.
Ein Rezept für selbst gemachtes Pesto findet ihr in meinem ersten Buch „Alles selbst gemacht!", S. 80.

Poké Bowl
mit Räucherlachs

Poké Bowls, die ursprünglich von Hawaii stammen, sind in der Zwischenzeit auch bei uns ein Trend. Sie bestehen aus Reis, frischem Gemüse, Salat und Fisch, Fleisch oder Tofu. Alle Zutaten werden zusammen mit einer oder mehreren Saucen in einer Schüssel angerichtet.

⏱ 20 Minuten

Zutaten für 4 Personen

200 g Basmatireis
Salz
1 Avocado
2 Karotten
Salat
200 g Räucherlachs
4 EL Sesam- oder Olivenöl
4 EL Sojasauce
2 Limetten oder 1 Zitrone, Saft
2 EL schwarzer Sesam

So geht's:

1. Basmatireis nach Packungsanweisung in Salzwasser garen und etwas abkühlen lassen.
2. In der Zwischenzeit die Avocado aus der Schale lösen und in Scheiben schneiden, die Karotte schälen und grob raspeln und den Salat waschen und grob zupfen.
3. Reis, Avocado, Karotten, Salat und Räucherlachs in einer Schüssel anrichten.
4. Sesamöl mit Sojasauce und Limettensaft verrühren und über die Bowl geben.
5. Mit schwarzem Sesam bestreuen.

Tipps: Wer den Reis nicht abwiegen will, verwendet einfach 1 Tasse Basmatireis.
Um den Avocado-Kern ohne Verletzungsgefahr aus der Frucht zu bekommen, halbiert ihr sie und drückt den Kern durch die Schale aus dem Fruchtfleisch.
Bowls sehen so appetitlich aus, weil die einzelnen Zutaten getrennt auf dem Reis angerichtet werden und man sie erst beim Essen vermischt.

Cremige Tomaten-Risoni

Risoni, kleine Kritharaki genannte Nudeln, sind in Griechenland allgegenwärtig. Das cremige Pastagericht schmeckt – obwohl es so simpel ist und mit wenigen Zutaten zubereitet wird – einfach lecker. Es ist unglaublich tomatig und bei Kindern sehr beliebt. Außerdem müssen die Nudeln nicht extra gekocht werden!

20 Minuten

Zutaten für 4 Personen

1 kleine Zwiebel
1 Knoblauchzehe
2 EL Olivenöl
4 EL Tomatenmark
400 g Risoni
400 ml Wasser
200 ml Weißwein
1 Lorbeerblatt
½ TL Oregano
Salz
Pfeffer
Parmesan

So geht's:

1. Zwiebel und Knoblauch fein hacken und in Olivenöl anschwitzen.
2. Tomatenmark und Risoni dazugeben und etwa 1 Minute mitrösten.
3. Mit Wasser und Weißwein aufgießen und mit Lorbeerblatt, Oregano, Salz und Pfeffer würzen.
4. Bei mittlerer Hitze so lange kochen lassen (etwa 8 Minuten), bis die Flüssigkeit verdampft ist.
5. Mit Parmesan bestreut servieren.

Tipp: Ihr könnt das Gericht noch mit Gemüse oder Hülsenfrüchten, z. B. weißen Bohnen, aufpeppen.

Fried Rice

Gebratener Reis

Übrig gebliebenen Reis könnt ihr am nächsten Tag in knusprig-würzigen Fried Rice verwandeln. Ihr werdet überrascht sein, wie super das schmeckt! Einfach etwas Gemüse nach Wahl mitgaren, Ei dazugeben, rühren und fertig ist das simple, vegetarische Resteessen de luxe.

20 Minuten

Zutaten für 4 Personen

1 Karotte
1 Zucchini
1 rote Peperoni (Paprikaschote)
2 EL Sonnenblumenöl
Salz
500 g gekochter Basmatireis
2 Eier
1 Dose Erbsen (150 g)
1 Dose Mais (150 g)
2 EL Sojasauce
2 EL Sesam
1 Frühlingszwiebel
50 g geröstete, gesalzene Erdnüsse

So geht's:

1. Karotte schälen, Zucchini und Peperoni putzen.
2. Alles in feine Würfel schneiden und in Sonnenblumenöl goldbraun braten. Salzen.
3. Den Reis dazugeben und unter ständigem Rühren weiterbraten, bis er knusprig ist und leicht am Pfannenboden anklebt.
4. Eier zufügen, unter Rühren kurz weiterbraten und stocken lassen.
5. Erbsen und Mais untermischen, mit Sojasauce würzen und die Pfanne vom Herd nehmen.
6. Mit Sesam, fein geschnittener Frühlingszwiebel und Erdnüssen garnieren.

Tipps: Fried Rice wird nicht mit frisch gekochtem Reis gemacht, sondern mit Reis vom Vortag, der körniger bleibt. Deshalb eignet sich das Gericht so gut als Resteverwertung. Falls ihr keinen gekochten Reis habt, das Gericht aber trotzdem zubereiten wollt, dann solltet ihr den Reis ein paar Stunden vorher kochen und im Kühlschrank auskühlen lassen.
Statt der Erbsen aus der Dose könnt ihr natürlich auch tiefgekühlte Erbsen verwenden.

Veganer Bulgursalat

mit Gemüse

Diesen Salat habe ich einmal auf dem Sommerfest einer Verwandten probiert. Ich war so begeistert, dass ich sie gleich nach dem Rezept gefragt habe. Seitdem gehört dieses leckere und einfache Gericht bei uns fest zum Sommer. Er ist eine gute Alternative zum altbekannten Reissalat. Danke, Petra!

30 Minuten

Zutaten für 4 Personen

200 g Bulgur
1 kleine Zwiebel
1 rote Peperoni (Paprikaschote)
1 Zucchini
1 Karotte
100 g Kirschtomaten
Olivenöl
2 EL Tomatenmark
1 Zitrone, Saft
Salz
Pfeffer
Chilipulver oder frische Chilischoten
100 g Petersilie

So geht's:

1. Bulgur mit der doppelten Menge leicht gesalzenem Wasser etwa 10 Minuten nach Packungsanweisung kochen. In eine Schüssel oder auf ein Blech geben und etwas abkühlen lassen.
2. In der Zwischenzeit Zwiebel, Peperoni, Zucchini und Karotte putzen bzw. schälen und in feine Würfel schneiden. Tomaten halbieren oder vierteln.
3. Zwiebel-, Zucchini- und Karottenwürfel in Olivenöl goldbraun anbraten und zum Bulgur geben.
4. Tomaten ebenfalls zufügen und den Salat mit einem Dressing aus 2–3 Esslöffel Olivenöl, Tomatenmark, Zitronensaft, Salz, Pfeffer und Chilipulver würzen.
5. Petersilie fein hacken, zum Salat geben und alles gut durchmischen.

Tipps: Für eine Extraportion Proteine könnt ihr noch Kichererbsen dazugeben.
Wenn es nicht unbedingt vegan sein soll, dann passen auch Hühnerbrust oder Feta dazu.
Ihr könnt den Bulgursalat lauwarm oder kalt servieren.

Bunte Gemüsepuffer

Gemüse so zu verarbeiten, dass es allen schmeckt, ist kein einfaches Unterfangen. Bei diesen Gemüsepuffern könnte es aber klappen, denn sie schmecken knusprig, saftig und können mit verschiedenen Saucen serviert werden.

So geht's:

1. Gemüse grob reiben, gut ausdrücken und mit Eiern, Mehl und Salz verkneten.
2. Aus der Masse Bratlinge formen und in Sonnenblumenöl auf beiden Seiten etwa 3 Minuten braten, bis sie goldbraun und gar sind.
3. Bratlinge auf Küchenpapier abtropfen lassen und sofort mit Joghurtsauce servieren.

25 Minuten

Zutaten für 4 Personen

2 Karotten
2 Zucchini
2 festkochende Kartoffeln
2 Eier
100 g Mehl
Salz
3–4 EL Sonnenblumenöl
Joghurtsauce (siehe S. 20)

Tipps:
Neben der Joghurtsauce passen dazu noch verschiedene scharfe Saucen.
Kinder können die Gemüsepuffer auch mit Ketchup essen.

Panzanella

Toskanischer Brotsalat

Direkt aus der Toskana in eure (Büro-)Küchen: Panzanella oder Brotsalat. Der frische, leichte Salat ist eine tolle Alternative zu Tomaten mit Mozzarella oder anderen Sommersalaten und eine gute Beilage zu Gegrilltem. Außerdem könnt ihr auf diese Weise eure Brotreste verwerten.

So geht's:

1. Weißbrot in Würfel schneiden und in 2 EL Olivenöl goldbraun braten.
2. Gurken schälen und Basilikum grob schneiden oder zupfen.
3. Tomaten und Gurken in Würfel schneiden.
4. Alles in eine Schüssel geben und mit dem restlichen Olivenöl, Salz, Pfeffer, Oregano und Zitronensaft anmachen.

Tipps: Für den Brotsalat muss das Brot nicht frisch sein! Ihr könnt den Salat entweder durchziehen lassen oder das gebratene Weißbrot separat mitnehmen und erst kurz vor dem Servieren dazugeben, dann bleibt es knuspriger.

20 Minuten

Zutaten für 4 Personen

2–3 Scheiben Weißbrot
4 EL Olivenöl
2 Gurken
20 g Basilikum
4 große Tomaten
Salz
Pfeffer
1 Prise Oregano
1 Zitrone, Saft

SÜSSE BLITZREZEPTE

Auch Süßspeisen lassen sich schnell und einfach zubereiten. Die Rezepte in diesem Buch sind alle in maximal 30–45 Minuten fertig. Wenn sich spontan Gäste zu Kaffee und Kuchen ankündigen oder ihr einfach Lust auf ein Dessert habt, dann sind die folgenden Rezepte genau das Richtige für euch. Die meisten Zutaten habt ihr bestimmt immer zu Hause oder ihr könnt sie schnell in jedem Supermarkt besorgen.
Ihr findet in diesem Kapitel wieder einen bunten Mix aus Familienklassikern und neuen Kreationen. Neben Originalrezepten gibt es vegane Varianten und vieles mehr. Also genau die Art von schnellen süßen Rezepten, die auf meinem Blog immer bestens ankommen und Tausende Male angeklickt werden, so wie die Erdbeerroulade oder Papas saftiger Schokokuchen.

Tassenkuchen
mit Quark und Beeren

Seid ihr auf der Suche nach einem Dessert, das perfekt als Einzelportion zubereitet werden kann, proteinreich ist und dabei nur 10 Minuten dauert? Bitte sehr, darf ich vorstellen: der Tassenkuchen!

So geht's:

1. Eier, Quark, Zucker, Vanillezucker und Grieß kurz mit dem Schneebesen verrühren.
2. Die Masse in 4 Tassen oder ofenfeste Förmchen gießen und die Heidelbeeren mit einer Gabel unterheben.
3. Die Tassenkuchen in der Mikrowelle bei 800 Watt etwa 4 Minuten oder im Backofen bei 180 Grad ⊟ etwa 10 Minuten backen.

Tipps: Der Tassenkuchen funktioniert auch als Dessert vom Grill. Dafür stellt ihr die feuerfesten Förmchen einfach auf den Grillrost, schließt den Deckel und lasst das Ganze ein paar Minuten backen, bis die Masse fest ist.
Natürlich könnt ihr auch andere Beeren, z. B. Himbeeren, verwenden.

10 Minuten

Zutaten für 4 Personen

2 Eier
500 g Quark
3 EL Zucker
1 TL Vanillezucker oder -extrakt
3 EL feiner Grieß
50 g Heidelbeeren

Saftige Joghurtmuffins

Der Klassiker unserer Kindergeburtstage musste natürlich auch in dieses Buch. Dieses Rezept ist bis heute unser aller Lieblingsmuffinrezept, weil die Joghurtmuffins nicht trocken, sondern supersaftig und ganz schnell zubereitet sind.

30 Minuten

Zutaten für 12 Muffins

Zutaten
150 g weiche Butter
½ TL Vanillezucker oder -extrakt
½ Biozitrone, Schale und Saft
100 g Zucker
3 Eier
180 g Weizenmehl
1 TL Backpulver
60 ml Sahne
150 g Naturjoghurt

So geht's:

1. Butter, Vanillezucker, Zitronenschale und -saft sowie Zucker schaumig rühren.
2. Eier dazugeben und kurz unterrühren.
3. Mehl und Backpulver sieben und zusammen mit Sahne und Joghurt zur Butter-Eier-Masse geben. Alles kurz zu einem glatten Teig verrühren.
4. Den Teig in Muffinförmchen füllen und im auf 180 Grad vorgeheizten Backofen etwa 20 Minuten backen.

Tipp: Wenn ihr den Teig mithilfe eines Eisportionierers oder Spritzbeutels in die Muffinförmchen füllt, gelingt das gleichmäßig und ohne Klecksen.

Frozen Yogurt

Gefrorener Joghurt

Frozen Yogurt ist eigentlich ein Social-Media-Trend, aber wenn ihr mal Lust auf ein ganz schnelles Blitzdessert oder einen relativ gesunden Snack habt, dann ist dieses Rezept perfekt. Der Clou bei diesem Dessert ist, dass man die dünne, gefrorene Schokokruste aufklopfen muss.

So geht's:

1. Joghurt mit Honig vermischen und in 4 kleine Schälchen füllen.
2. Schokolade grob hacken und über dem Wasserbad schmelzen. Auf die Joghurtmasse gießen und mit gehackten Nüssen bestreuen.
3. Schälchen in den Gefrierschrank stellen und mindestens 15 Minuten einfrieren.
4. Etwas Nussmus daraufgeben und servieren.

Tipps: Griechischer Joghurt ist cremiger und weniger sauer als Naturjoghurt.
Alternativ könnt ihr auch Joghurt mit Geschmack (z. B. Früchten, Kaffee) verwenden und den Honig weglassen.
Die Schälchen sollten unbedingt für den Gefrierschrank geeignet sein.

25 Minuten

Zutaten für 4 Personen

500 g Naturjoghurt oder griechischer Joghurt
2 EL Honig
100 g Zartbitterschokolade
2 EL gehackte Nüsse
2 EL Nussmus (z. B. Erdnussmus)

Oma Marthas Erdbeerroulade

Dieses Familienrezept kommt nicht aus meiner Familie, sondern aus der meines Freundes: Es ist die Erdbeerroulade seiner Oma und das beste Rezept, das ich für diesen Frühlingsklassiker je probiert habe.

30 Minuten

Zutaten

Für den Biskuitteig
4 Eier
100 g Zucker
1 Prise Salz
4 EL warmes Wasser
80 g Weizenmehl
50 g Stärke
1 TL Backpulver

Für die Füllung
200 ml Sahne
3 EL Quark
5 EL Zucker
½ Biozitrone, Schale und Saft
200 g Erdbeeren

Weiteres
Staubzucker

So geht's:

1. Eier, Zucker, Salz und warmes Wasser zu einer schaumigen, weiß-cremigen Masse verrühren.
2. Mehl, Stärke und Backpulver sieben und unter die Eiermasse heben.
3. Den Teig auf ein mit Backpapier belegtes Backpapier streichen und im auf 170 Grad ⊟ vorgeheizten Backofen 8–10 Minuten leicht goldbraun backen.
4. Den Biskuit auf ein feuchtes und mit Zucker bestreutes Küchentuch stürzen. Das Backpapier abziehen, mit dem Küchentuch aufrollen und auskühlen lassen.
5. In der Zwischenzeit Sahne steif schlagen und Quark unterheben. Mit Zucker, Zitronenschale und -saft abschmecken.
6. Erdbeeren waschen, in kleine Stücke schneiden und unter die Creme heben.
7. Biskuitteig vorsichtig auswickeln, mit Erdbeercreme bestreichen und aufrollen.
8. Mit Staubzucker bestäuben.

Tipps: Diese klassische Biskuitroulade könnt ihr auch mit Himbeeren, Kastaniensahne oder Schokosahne füllen.
Das Rezept lässt sich auch super zu Biskuitschnitten abwandeln!

Papas saftiger Schokokuchen

ohne Mehl

Für mich ist das der beste Schokokuchen: himmlisch schokoladig und sündhaft lecker. Ihr braucht für dieses Rezept genau vier Zutaten, Mehl gehört nicht dazu, und die Zubereitung ist keine Hexerei. Das Besondere an dem Kuchen ist seine Saftigkeit und mein Papa liebt es, ihn für festliche Anlässe zuzubereiten.

So geht's:

1. Schokolade grob zerkleinern und Butter in Stücke schneiden.
2. In eine Schüssel geben und über dem Wasserbad schmelzen. Kurz abkühlen lassen.
3. Inzwischen Eier und Zucker schaumig schlagen und die geschmolzene Schokolade unterrühren.
4. Die Masse in eine Springform oder kleine Förmchen gießen und im auf 180 Grad ⊟ vorgeheizten Backofen etwa 25–30 Minuten backen.
5. Mit Staubzucker bestauben und am besten noch warm servieren.

Tipps: Mit diesem Rezept könnt ihr Nikoläuse, Osterhasen und andere übrig gebliebene Schokolade verwerten.
Serviert zu diesem wunderbar schokoladigen Kuchen unbedingt etwas säuerliches Obst, z. B. Orangen, Mandarinen oder Kumquats. Dann habt ihr eine perfekte Mischung aus Süße und Säure.

45 Minuten

Zutaten

250 g Zartbitter- oder Vollmilchschokolade
250 g Butter
6 Eier
100 g Zucker
Staubzucker

Fluffiger Kaiserschmarren

Dieses Rezept ist seit Jahren das einzige, das ich verwende! Durch das steif geschlagene Eiweiß wird der Kaiserschmarren superfluffig und locker.

30 Minuten

Zutaten für 4 Personen

60 g Butter
6 Eier
1 Prise Salz
4 EL Zucker
1 TL Vanillezucker oder -extrakt
1 EL Rum
500 ml Milch
250 g Weizenmehl
½ TL Backpulver
Staubzucker
Preiselbeermarmelade

So geht's:

1. 50 g Butter schmelzen und Eier trennen.
2. Eigelb mit 2 Esslöffel Zucker, Vanillezucker und Rum schaumig rühren.
3. Geschmolzene Butter und Milch zugeben.
4. Backpulver und Mehl sieben und unter die Eier-Zucker-Masse heben.
5. Das Eiweiß steif schlagen und vorsichtig unter den Teig ziehen.
6. Die restliche Butter in einer Pfanne erhitzen und einen Teil des Teiges in die Pfanne gießen. Sobald der Teig nicht mehr flüssig ist, umdrehen und mit einem Kochlöffel in kleine Stücke zerteilen. Mit dem restlichen Teig ebenso verfahren.
7. Den restlichen Zucker schmelzen, die Kaiserschmarrenstückchen dazugeben und alles noch ein paar Minuten unter ständigem Rühren karamellisieren lassen.
8. Mit Staubzucker bestreuen und mit Preiselbeermarmelade servieren.

Tipp: Das Rezept funktioniert am besten in einer beschichteten Pfanne. Allerdings solltet ihr den Kaiserschmarren mit einem Kochlöffel oder einem Pfannenwender aus Holz oder Plastik zerteilen, um die Pfanne nicht zu zerkratzen.

Vegane Avocado-Schoko-Mousse

Eine vegane Schokomousse mit nur drei Zutaten? Ja, das geht und ist sogar sehr lecker. Die Avocado verleiht der Mousse einen herrlichen Schmelz und sorgt für Frische. Und das Beste ist, dass ihr die Mousse super gut vorbereiten könnt.

15 Minuten

Zutaten für 4 Personen

1 Avocado
200 g Zartbitter- oder Vollmilchschokolade
200 ml Hafer- oder Mandeldrink

So geht's:

1. Avocado halbieren und den Kern entfernen.
2. Schokolade hacken und über dem Wasserbad schmelzen.
3. Avocado, geschmolzene Schokolade und Haferdrink im Mixer oder mit dem Stabmixer zu einer feinen Creme mixen.
4. Die Mousse in Schälchen füllen und kalt stellen.

Tipps: Ihr könnt die Mousse auch mit etwas Zimt, Vanille oder – kurz vor Weihnachten – mit Lebkuchengewürz würzen, das gibt ihr das gewisse Etwas.
Falls ihr die Mousse nicht vegan machen möchtet, könnt ihr den Haferdrink durch Kuhmilch ersetzen.

Gesunde Frühstücksbowl

mit Himbeeren

Für ein gesundes, leckeres Frühstück braucht es gar nicht viel: Diese Himbeer-Smoothie-Bowl mit frischem Obst, Nüssen und Co. könnt ihr auch mitnehmen und unterwegs essen.

So geht's:

1. Banane, Himbeeren und Milch im Mixer zu einem cremigen, dickflüssigen Smoothie zerkleinern.
2. Auf 4 Schüsseln verteilen und mit Nüssen, Kokosraspeln, Granola, Bananenscheiben, Himbeeren und Leinsamen toppen.

15 Minuten

Zutaten für 4 Personen

2 Bananen
200 g frische oder tiefgekühlte Himbeeren
200 ml Milch

Weiteres

50 g Nüsse (z. B. Cashew-, Wal- Haselnüsse)
50 g Kokosraspeln
100 g Granola oder Haferflocken
1–2 Bananen
100 g Himbeeren oder andere Beeren
2 EL Lein- oder Chiasamen

Tipps: Ihr könnt die Milch auch durch eine Milchalternative, z. B. Hafer- oder Mandeldrink, ersetzen.
Bei den Toppings, aber auch bei den Grundzutaten könnt ihr kreativ sein. Statt Himbeeren eignen sich Erdbeeren, Mango oder anderes Obst sehr gut.
Außerdem könnt ihr die Bowl noch mit Nussmus toppen. Ihr bekommt es in Bioläden und gut sortierten Supermärkten. Es hält sich sehr lange und man kann vielen Gerichten damit gesunde Proteine bzw. Fette zufügen.
Ein Rezept für selbst gemachtes Granola findet ihr in meinem ersten Buch „Alles selbst gemacht!", S. 88.

DANKE

Ein besonders großer **Dank** gilt auch bei diesem Buch wieder **meiner Schwester Laura,** die unermüdlich und in vollendeter Symbiose mit mir alle Fotos gemacht hat. Ihr kritisches Auge und ihre Liebe zu perfekten Fotos sorgt auch bei diesem Buch dafür, dass das Durchblättern ein Genuss ist. Denn ein Kochbuch lebt nun mal vor allem von tollen Appetit machenden Fotos!

Annalena beim Fotoshooting
in ihrer **Möbel-Ambach**-Küche
www.ambach.net

Bibliografische Information
der Deutschen Nationalbibliothek
Die Deutsche Nationalbibliothek verzeichnet diese Publikation in der Deutschen Nationalbibliografie; detaillierte bibliografische Daten sind im Internet abrufbar: http://dnb.d-nb.de

1. Auflage 2024

Lektorat: Kathrin Kötz, Auer
Fotos: Umschlag und Innenteil Annalena und Laura Ganner, Meran, mit Ausnahme der Seiten 11/12 (stock.adobe.com)
Design & Layout: Athesia-Tappeiner Verlag
Bildbearbeitung: Typoplus, Frangart
Druck: Athesia Druck, Bozen
Papier: Umschlag Freelife Vellum White, Innenteil Magno Natural

Gesamtkatalog unter
www.athesia-tappeiner.com

Fragen und Hinweise bitte an
buchverlag@athesia.it

ISBN 978-88-6839-780-7
ISBN 978-88-6839-781-4 (e-Book)

MIX
Papier | Fördert gute Waldnutzung
FSC® C010042

Dieses Buch wurde der Umwelt zuliebe nicht mit einer Schutzfolie eingeschweißt.

designed + produced
IN SÜDTIROL